AF152681

BEI GRIN MACHT SICH IHR
WISSEN BEZAHLT

- Wir veröffentlichen Ihre Hausarbeit,
  Bachelor- und Masterarbeit

- Ihr eigenes eBook und Buch -
  weltweit in allen wichtigen Shops

- Verdienen Sie an jedem Verkauf

Jetzt bei www.GRIN.com hochladen
und kostenlos publizieren

Christian Kopka

Sprechaktbasierte Kooperationsunterstützungssyteme

GRIN Verlag

Bibliografische Information der Deutschen Nationalbibliothek:

Die Deutsche Bibliothek verzeichnet diese Publikation in der Deutschen National-
bibliografie; detaillierte bibliografische Daten sind im Internet über http://dnb.d-
nb.de/ abrufbar.

Impressum:

Copyright © 2000 GRIN Verlag GmbH
Druck und Bindung: Books on Demand GmbH, Norderstedt Germany
ISBN: 978-3-640-14330-6

Dieses Buch bei GRIN:

http://www.grin.com/de/e-book/113714/sprechaktbasierte-kooperationsunterstuet-
zungssyteme

GRIN - Your knowledge has value

Der GRIN Verlag publiziert seit 1998 wissenschaftliche Arbeiten von Studenten, Hochschullehrern und anderen Akademikern als eBook und gedrucktes Buch. Die Verlagswebsite www.grin.com ist die ideale Plattform zur Veröffentlichung von Hausarbeiten, Abschlussarbeiten, wissenschaftlichen Aufsätzen, Dissertationen und Fachbüchern.

Besuchen Sie uns im Internet:

http://www.grin.com/

http://www.facebook.com/grincom

http://www.twitter.com/grin_com

CSCW-Konzepte und Systeme zur computerunterstützten
Zusammenarbeit

Thema : Sprechaktbasierte CSCW-Systeme

Ausarbeitung zum *praktischen Teil*

Christian Kopka

Inhaltsverzeichnis

1 Überblick

Der zweite Teil zum Thema *Sprechaktbasierte Kooperationsunterstutzungssysteme* behandelt beispielhafte existierende CSCW-Applikationen , auf welche sich die Theorie der Sprechakte abbilden läßt. D.h. in den entsprechenden Systemen wird Information über entsprechende Äußerungsformen die die Sprechakttheorie [1] behandelt ausgetauscht.
Vorerst erfolgt jedoch eine Einordnung [1] der vorzustellenden Systeme in das im Rahmen des CSCW definierten Klassensystems. Nach Vorstellung entsprechender Systeme werden Kontra-Statements gegen sprechaktbasierende Kooperationsunterstützungssysteme präsentiert.

2 Eine Einführung *grundlegende Klassen von CSCW-Applikationen*

Im Rahmen des Computerunterstützten Gruppenarbeiten werden vier grundlegende System-klassen definiert ...

- Kommunikation

- gemeinsame Informationsräume

- Workflow-Management

- Workgroup-Computing

Dies sind Klassen die auf der Basis von funktionalen Klassifikationen der diversen existierenden CSCW-Applikationen festgelegt sind. Die Ecken der Systemgesamtmenge werden durch die Typen Kommunikationsunterstützung , Koordinationsunterstützung sowie die Kooperationsunterstützung gebildet.
Zu den vier Systemklassen lassen sich entsprechende Applikationen beispielhaft zuordnen.

Systemklasse Kommunikation

- Post-/E-Mail-Systeme

- Konferenzsysteme für Audio-/Video- und Desktopkonferenzen

Klasse der gemeinsamen Informationsräume

- BulletinBoard-Systeme

- spezielle Datenbanken

- verteilte Hypertextsysteme

Workflowmanagementsysteme

- Analyse

- Simulation

- Modellierung

---

[1]z.b. Theorien nach Austin + Searle

3

- Ausführung und Steürung von Workflows

Workgroup-Computing

- Planungssysteme

- Entscheidungssysteme

- Sitzungsunterstützungssysteme

- Gruppeneditoren

3 Die Systemklasse des Workgroupcomputing

Da die Systeme , welche im Rahmen dieses Themas behandelt werden in den Bereich der
Koordinationsunterstützung und Kooperationsunterstützung fallen wird der Abschnitt des
Workgroup-Computing mit Schwergewicht auf der Kooperationsunterstützung betrachtet.
Systeme dieser Klasse unterstützen die Kooperation in Gruppen (die Gruppenarbeit).
In den meisten Fällen liegt in Bezug auf die Information ein mittlerer bis geringer Strukturie-
rungsgrad vor. Dabei ist der Informationsaustausch von einer geringen Wiederholungsfreqünz
gekennzeichnet. Die entsprechend existierenden CSCW-Applikationen , die die Unterstützung
solcher Aufgaben gewährleisten sollen , müßen flexibel einsetzbar sein (in Bezug auf den jeweiligen Aufgabeninhalt). Die Applikationen haben meist einen geringen/kleinen domänen-
spezifischen Funktionsumfang.
Die Planungs- und Sitzungsunterstützungssysteme bilden die nachfolgende Betrachtung , weil
diese die Sprechakttheorie im Rahmen eines zustandekommenden Informationsaustausches
realisieren.

3.1 Planungsssysteme

Bei diesem Gebiet liegt das Schwergewicht auf der Verwaltung und der Koordination von
Ressourcen. Der Aspekt der Koordination in der Gruppenarbeit dient an dieser Stelle einem
Verweis auf die Klasse des Workflowmanagements.

Die Mitglieder eines Systems dieser Klasse benutzen hauptsächlich die Koordinations-
funktion. Desweiteren beinhalten solche Systeme Funktionen zur Analyse , Modellierung ,
Simulation und Überwachung. Diese sind jedoch von niederer Priorität.

3.1.1 Theoretische Grundlagen der Workflowmangementsysteme

Das Grundproblem welches durch solche Systeme gelöst wird ist das Koordinationsproblem.
D.h. an dieser Stelle hat die Koordinationstheorie *coordination theory* , welche den konzeptio-
nellen Rahmen für die Einordnung von Erkenntnissen verschiedener Disziplinen ermöglicht
eine große Bedeutung.
Als Rahmen einer Theorie der Koordination wird z.b. eine Differenzierung der Koordination
in vier Komponenten vorgeschlagen. Jeder dieser Komponenten ...

- Ziele

- Aktivitäten

- Akteure + Interdependenzen

werden entsprechende Koordinationsprozesse zugeordnet. Die Handhabung von Interdependenzen als das Hauptproblem der Koordination wird diffenziert in Probleme der Handhabung der Reihenfolge von Akivitäten , der Synchonisation und der Ressourcennutzung. Koordinationsprozesse werden anhand von vier Betrachtungsebenen beschrieben. Dabei baut jede Betrachtungsebene auf der darunterliegenden auf. Die Ebenen sind im einzelnen : Die Koordination , die Gruppenentscheidung , die Kommunikation und die Wahrnehmung gemeinsamer Informationsobjekte. Dieses Ebenenkonzept beruht auf folgender Überlegung bzw. Annahme : Koordination erfordert Entscheidungen. Für Entscheidungen sind in kooperativen Gruppenorganisationsformen Kommunikationsprozesse notwendig. Letztere erfordern eine gemeinsame Sprache , die auf der Wahrnehmung gemeinsamer Informationsobjekte beruht.

Aus anwendungsorientierter Sicht stellt sich nun die Frage , wie solche Koordinationsprozesse ausgeführt sollen und können. Betrachtet man ausschließlich die an der Koordination beteiligten Objekte und differenziert diese in Akteure , Ressourcen und gemeinsam wahrgenommene Informationsobjekte so sind grundsätzlich 3 Varianten einer Koordinationsstruktur denkbar.
In der ersten Variante wird die Koordination von der verwendeten Ressource wahrgenommen. In der zweiten Variante übernehmen die beteiligten Akteure die Koordination selbst und in der dritten Variante erfolgt die Koordination durch gemeinsam rezipierte Informationsobjekte (beispielsweise Dokumente).
Die obigen Varianten sind die grundsätzlich denkbaren. In der betrieblichen Wirklichkeit treten jedoch auch Mischformen auf.
Um in der Realität einer dieser Varianten umsetzen zu können, sind Protokolle notwendig mit deren Hilfe die beteiligten Objekte zu Koordinationszwecken miteinander kommunizieren können. Dabei ist zunächst unerheblich wie kommuniziert wird. Wichtiger in diesem Zusammenhang ist die Unterscheidung , welche Art von Protokollen verwendet wird. Grundsätzlich kann zwischen technischen und sozialen Protokollen unterschieden werden.
Der Vorteil von sozialen Protokollen liegt in der Flexibilität in bezug auf wechselnde Situationen der höheren bandbreite der Kommunikation sowie der Herstellung sozialer Kontexte im Rahmen der Gruppenarbeit (welcher Akteur macht in einem bestimmten Moment was).
Allerdings versagen die sozialen Protokolle in Situationen in denen durch die physischen Bedingungen sowie durch die Komplexität und den Umfang der Gruppenarbeit die Herstellung adäquater sozialer Kontexte nicht möglich ist. Dies ist beispielsweise der Fall bei zeitlich bzw. räumlich verteilten Arbeitsgruppen in die eine große Anzahl von Akteuren einbezogen sind. In solchen Fällen bieten technische Protokolle Vorteile in dem sie durch eindeutige und vordefinierte Regeln die Koordination sicherstellen und so den fehlenden sozialen Kontext partiell ersetzen. Die Nachteile technischer Protokolle liegen in ihrer geringen Flexibilität und der Schwierigkeit adäquate Ausnahmebehandlungsmechanismen zur Verfügung zu stellen.

3.1.2 Modelle der Koordination

Koordinationsprozesse können in vier verschiedene Modelle aufgeteilt werden :

- formularorientierte Modelle

- vorgangsorientierte Modelle

- kommunikationsorientierte Modelle

- **konversationsorientierte Modelle**

3.1.3 Das konversationsorientierte Modell

Da die Grundlage dieses Modells die Sprechakttheorie ist, welche die Basis für dieses Seminarthema bildet ,wird lediglich dieses Modell im Kontext sprechaktbasierter Kooperationsunterstützungssysteme betrachtet.
Die Grundlage des konversationsorientierten Ansatzes ist folgende :
Meldungen werden nach vordefinierten Klassen von Sprechakten klassifiziert. In existierenden Systemen wie THE COORDINATOR [7] werden intern gespeicherte Regeln benutzt um eintreffende Meldungen zu klassifizieren. Ein weiterer Nutzen dieser internen Regeln ist , daß dem Benutzer mögliche Sprechakte für Antworten zur Verfügung gestellt werden.
   Der Action-Workflowansatz wäre ein weiterer Ansatz.

3.1.4 *Das System* THE COORDINATOR

the coordinator [7] ist ein bekanntes E-Mail-System , daß explizite Funktionalitäten zur koordinationsstrukturierenden Gruppenkoordination aufweist.
Das System bietet die Möglichkeit zur ...

- Generierung

- Übertragung

- Speicherung

- Aufnahme

- Anzeige

von beschreibenden Datensammlungen von Aktionen in Konversationen. Der *COORDINATOR* fungiert als Action-Manager basierend auf der sprachlichen Festlegung und Kompletierung in der Sprach-Aktions Perspektive.
Wenn im *COORDINATOR* eine neue Konversation für eine Aktion eröffnet wird, bietet das System dieses System Optionen mit verschiedenen impliziten Strukturen an: **Z.b.**

- Anfrage

- Angebot

- Frage

- Versprechen

Genereller Ablauf [3, Seiten 102] Der *COORDINATOR* läßt den Benutzer nach Eingabe des jeweiligen Textes zwischen bis zu drei Vereinbarungen wählen , welche jeweils mit der Kompletierung einer Aktion assoziiert sind.

- Eine Antwort

- Eine Terminierung

- Eine Signalisierung

.. durch eine Vereinbarung. Wenn nun der Benutzer eine Rückfrage erhält so durch die Auswahl einer bestimmten Antwort aus einer definierten Menge von Antworten zu wählen. Und Zwar stehen folgende Antworten zur Verfügung :

- Versprechen

- Gegenangebot

- Abnahme

- Report-Kompletierung

Dies sind signifikante Sprachakte innerhalb der Konversation (im Sinne der Sprechakttheorie). Es gibt andere Antworten die nicht den Zustand der Konversation verändern :

- Bestätigung

- Verpflichtung zu Verpflichtung

- Zwischendurchbericht

Systemarchitektur

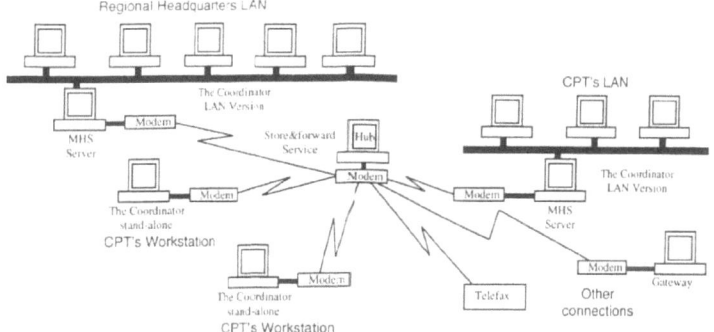

**Distributed Office Information System Architecture
based on THE COORDINATOR and Message Handling Service**

Abbildung 1: [4, Seite 387] System-Architektur

[3, Seiten 103] Ferner ist durch die lineare Struktur des Ablaufs im *COORDINATOR* die Möglichkeit gegeben , daß ein beliebiger Benutzer auf den Status der Kommuikation mit anderen zurückblicken kann. (implizit im Status enthalten sind die Verpflichtungen , welche von diesen mit anderen eingegangen worden sind)

Obwohl der *COORDINATOR* auf E-Mail-ähnlichen Informationsübertragungen basiert ist ein Arbeitsablauf in diesem System eine Konversation und keine Nachricht.

Jede Informationsübertragung ist einer bestimmten Konversation zugeordnet , die jeweils auf einer Konversation für ein Aktionsprotokoll oder einer Menge von Nachrichten ohne Struktur basiert.

Im Hauptmenü kann unter dem Menüpunkt organisieren durch den Benutzer ein Filter für das Nachrichtenempfangen definert werden Dieser kann Filterungen wie z.b. das Auslassen

7

- einer Antwort

- einer Rückfrage

ermöglichen.
Dies ist ein Zusatz zur Identifizierung des Kommunikatinspartners , von Zeitintervallen und Schlüsselwörtern die zu den Nachrichten assoziiert sind.
Die *retrival-structure* hat drei Level , und zwar ...

- Identifizierung der Konversation

- Selektion einer speziellen Nachricht aus der Konversation

- Erzeugung eines Reports der Konversationshistorie

basierend auf einer einzelnen Nachricht.
Dem Benutzer stehen im Rahmen der Eröffnung einer neuen Konversation sieben Konversationstypen zur Auswahl :

- *Mitteilung* für eine schnelle informelle Nachricht

- *Informierung* um Reports oder Ankündigungen zu machen

- *Frage* um Fragen zu stellen

- *Angebot* um Aktionen oder Ideen anzubieten

- *Rückantwort* um nachzufragen ob bestimmte Dinge getan wurden

- *Versprechen* um Reports von Plänen zu erstellen und Dinge ausführen zu lassen

- *Was-Wenn* um Themen oder Pläne zu diskutieren

Unterstützenden Funktionen des Koordinators

1. beim initiieren von Sprechakten erzeugt der Koordinator eine E-Mail-ähnliche Nachricht bestehend aus einem strukurierten Teil und einem unstrukturierten Teil , der als freier Text formuliert den Inhalt des Sprechakts beinhaltet.

2. Der Coordinator hilft beim Verfolgen des Konversationsfortschrittes bis zu dessen Abschluß

3. Die Zeit ist ein kritischer Faktor von Sprechakten. Der Coordinator überwacht die gegenseitigen zeitlichen Abhängigkeiten zwischen den Sprechakten.

4. Das Konversationsnetz wird aufgelistet und präsentiert

5. Der Coordinator veranlaßt automatisch Handlungen , die durch den Benutzer spezifiziert sind

6. Formulare , die auf bestimmte wiederkehrende Inhalte zugeschnitten sind können durch den Koordinator integriert werden

Die Umgebung des Coordinators Das System läuft auf IBM-PC-kompatiblen Rechnern , die über ein lokales Netz oder ein Weitverkehrsnetz miteinander verbunden sind. Auf jedem Rechner existiert das gesamte System , um empfangene Nachrichten zu interpretieren , und entsprechend dem Konversationstyp und dem Zustand der Konversation die geeigneten Antworten anzubieten. Es existiert keine zentrale Koordinierungseinheit, die den Gruppenprozeß reguliert.

Beurteilung [2] **des Systems** *the coordinator*

+	Bewährung bei der Umsetzung von Plänen
-	Situngsphasen wie Ideengenerierung/Planung werden wegen des hohen Schreibaufwandes von seinen Benutzern abgelehnt (besser ist hier eine persönliche Kommunikation in einer face-to-face-Situation

Akzeptanz

- Das Senden und Empfangen von E-Mails ist die beliebteste Funktionalität bei den Kommunikationspartnern

- Die Funktionalitäten für die bereitstehenden differenzierten Gesprächstypen werden gar nicht oder nur beschränkt genutzt

- Herstellungen von Verbindungen zwischen E-Mails zu einem Thema für eine zusammenhängende Archivierung der Nachrichten erhielt große Zustimmung

- der Terminkalender im System wurde bei der Mehrzahl der Anwender nicht akzeptiert, weil der elektronische Taschenkalender traditionelle Taschenkalender nicht ersetzen konnte und darüber hinaus noch umständlich zu bedienen war.

- Verkürzte Sichtweise und Anwendung der Sprechakttheorie ==> sprachhandlungsbasierte Konversationsverläufe werden nicht unterstützt und können sogar bei der Anwendung des Systems zu unbeabsichtigten Ergebnissen führen

- unflexible Strukturierung und Formalisierung ist unangemessen

3.1.5 *Das System* CONSUL

Dieses System ist wie auch andere CSCW-Systeme ein Werkzeug zur Unterstützung der Strukturierung von Konversationen in Gruppen. Die Grundlage sind die sprechaktorientierten Theorien diverse Sprechakttheoretiker (Habermas , Toulmin , Perelman).
Die Aufgabe des Systems liegt in der Verteilung der Problemlösung einer Aufgabe in einer Gruppe. Ferner dient es als Diskussionforum.
Der Schwerpunkt liegt auf der Selbstkoordination der Gruppenmitglieder durch sprachliche Äußerungen. D.h. jedes Gruppenmitglied hat im Rahmen der Verwendung des Systems dieselben Rechte sich zu äußern und den Problemlösungsprozeß voranzutreiben.
Die Eigenschaften bzw. Charakteristiken des Systems sind ..

- zwecks Vermeidung unendlich langen Diskutierens $\longrightarrow$ Integration von Mechanismen in den Problemlösungsprozeß zum Vorantreiben des Lösungsprozeßes.

---

[2] z.b. im Rahmen des Einsatzes des Coordinators in einer großen Versicherung

- beinhaltet bestimmte Problemlösungsschritte und Sprechaktsequenzen in Form von Protokollen $\longrightarrow$ Hinzufügung neuer Protokolle durch Benutzer auf Basis der vorhandenen Protokolle

Das System wird im Rahmen des DFG-Schwerpunktprogramms *verteilte Systeme in der Betriebswirtschaft* gefördert. CONSUL ist eines von drei Werkzeugen , die im Zumsammenhang mit dem sogenannten *CUVIMA*-Projekt erstellt wurden.

Basis der Konversationstrukturierung [2, Seite 169 - 170] Der Problemlösungsprozeß der durch dieses System behandelt wird basier auf den Theorien nach Rittel. D.h. die Problemlösung ist als argumentativer Prozeß modelliert.

Definition	Ein Gruppenmitglied wirft während des Lösungsprozeßes ein Problem Topic auf. Es erfolgt eine Untergliederung dieses *topics* in *subtopics* Unterprobleme. Über diese Unterprobleme führen die daran Interessierten und Beteiligten den Diskurs druch.

Sprechaktsequenzen zur Diskursunterstützung [2, 172] Im Rahmen dieses Systems wird ein Erstellungsmechanismus zur Generierung von Sprechakten bzw. Sprechaktsequenzen und Problemlösungsprozessschritten für die Benutzer angeboten. Außerdem beinhaltet das System bereits vorprogrammierte Sprechakte und Sprechaktsequenzen. In diesem Zusammenhang sind vorhandene Protokolle die Basis für die Verhandlung über die Erzeugung neuer Protokolle und neuer Sprechakte bzw. Sprechaktsequenzen und Problemlösungsschritte.

Modellierung des Problemlösungsprozeßes [2, 173-178] Die verschiedenen Phasen dieses Prozeßes werden als Bearbeitungsräume bereitgestellt.

Phasendefinition $\begin{cases} I : Konstituierung \ des \ Problems \\ II : Erarbeiten \ von \ Problemloesungsalternativen \\ III : Ranking \ der \ Problemloesungsalternativen \\ IV : Ranking \ des \ Rankings \ , \ dessen \ Auswertung \ die \ Einigung \ ergibt \\ V : Debatte \ ueber \ die \ Beendigung \ der \ Phasen \ I \ - IV \ , \ ueber \ dessen \ Alternativen \ (vertagen \\ \quad , \ aufhoeren \ , \ weitermachen) \ abgestimmt \ wird \end{cases}$

Im System existieren 5 verschiedene Komponenten zur Erstellung und Modifizierung von Problemlösungsschritten , Sprechakten und Sprechaktsequenzen.

- Zuordnungseditor [3]

- Prozeß-Schritte-Editor [4]

- Sprechaktsequenz-Editor [5]

- Sprechakt-Editor [6]

- Sprechakthierarchieeditor [7]

---

[3]dient zur Zuordnung der Sprechaktprotokolle zu den Prozeßschritten und des Problemlösungsprotokolls zu CONSUL

[4]dient zur Bearbeitung der Prozeßschritte

[5]dient zur Bearbeitung der Sprechaktprotokolle

[6]dient zur Auswahl der Sprechaktprotokolle bzw. der Sprechakte , die an einem Sprechakt nachfolgen sollen

[7]dient zur Darstellung und Veränderung der Klassenhierarchie der Sprechakte

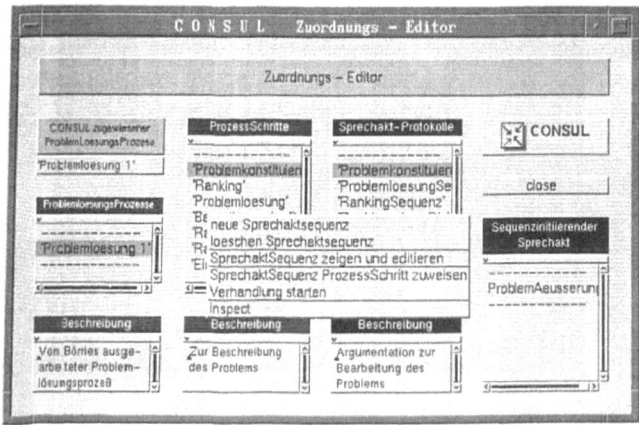

Abbildung 2: Zuordnungs-Editor (System CONSUL)

Fazit und Bewertung [2, 181] Dieses System bietet die Möglichkeit der herrschaftsfreien Problemlösung in Gruppen , denn die Gruppenmitglieder behindern sich bei ihren Äußerungen gegenseitig nicht und können sich in individuellen Prozeßschritten des Systems aufhalten. Alle Äußerungen im beschriebenen System können anonym getätigt werden.

3.2 *Das System* VERBMOBIL **als Sitzungsunterstützungssystem**

Dieses System läßt sich in die Menge der Situngsunterstützungssysteme (engl. electronic meeting systems *EMS*) einordnen. Es ist im Rahmen eines Verbundforschungsprojektes entstanden und unterstützt die Schlüsseltechnologien *maschinelles Übersetzen* und *Spracherkennung* im Rahmen der Erkennung von Spontansprache. Das Verbundvorhaben indem Unternehmen der Informationstechnolgie , Universitäten und Forschungszentren kooperieren wird vom Bundesministerium für Bildung Wissenschaft , Forschung und Technologie in zwei Phasen [8] gefördert.

Das Problem , welches mit diesem System modelliert werden soll hängt mit einem Szenario zusammen in dem zwei Menschen per Telefon einen Geschäftstermin vereinbaren (andere Einsatzgebiete : *Reiseplanung Fernwartung*). Die beiden Personen können Englisch wenigstens passiv verstehen sprechen aber als Muttersprache Deutsch und Japanisch.

Aus diesem Prototypen könnte später einmal ein Service eines Telekommunternehmens entstehen. Das Prototyping dient in der jetzigen Form einer Abschätzung einer nachfolgenden kommerziellen Nutzung.

Benutzerschnittstelle Es liegt ein hochgradig , auf dem Multiagentenprinzip basierendes nebenläufiges System vor. Zwischen den Verarbeitungsmodulen existieren zahlreiche Kommunikationsschnittstellen. Das System ist vollständig objektorientiert implementiert.

Aufgaben Phase 1: Die sprachlichen Eingaben sind entweder in deutscher oder japanischer Sprache gegeben. Auf Benutzerbefehl erfolgt eine Übersetzung ins Englische oder eine

---

[8]Laufzeit Phase 1: 93´-96´ / Laufzeit Phase 2: 97´ - 2000

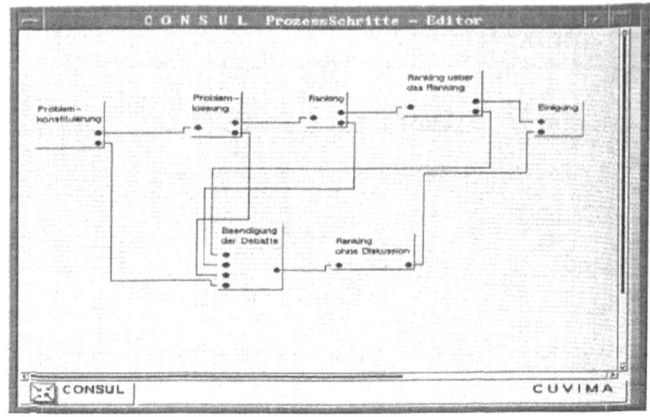

Abbildung 3: Prozeß-Schritt-Editor (System CONSUL)

vom Englischen ins Deutsche oder Japanische.

Verbmobil fungiert generell als passives Dialogsystem und kontrolliert den Dialog nicht direkt wie ein System im Rahmen des SUNDIAL-DIAL-Projektes. Das System Verbmobil kann jedoch im Falle eines Nichtverstehens von Dialogkomponenten aktiv Klärungsdialoge halten um Mehrdeutigkeiten aufzulösen.

Phase 2: Die robuste und bidirektionale Übersetzung spontansprachlicher Dialoge aus den Domänen Reiseplanung und Hotelreservierung [9].

Dialogmodellierung   Die Dialoge werden in Sprechakte [10] unterteilt. Der Begriff des Sprechakts wird in Verbmobil jedoch weiter als bei Searle gefaßt. Ein Sprechakt kann jeweils durch Sätze oder Teilsätze repräsentiert werden. Dabei können Sprechakten auch Laute zugeordnet werden. Die Grundlage für die Bildung einer Typmenge von Sprechakten war die Analyse von 200 typischen Dialogen. Eine Grobunterteilung des Dialogs resultiert in ...

- Begrüßung $\begin{cases} Bekanntgabe\ der\ Intention \\ Terminvereinbarung \end{cases}$

- Verhandlung $\begin{cases} Terminvorschlaege \\ akzeptieren\ oder\ ablehnen \end{cases}$

- Abschluß $\begin{cases} Terminbestaetigung \\ Verabschiedung \end{cases}$

Desweiteren werden noch Sprechakte hinzugefügt , die echte Dialoge abbilden können. So wird z.b. ein Sprechakttyp *garbage* definiert der alles bezeichnet , was nicht mit dem Dialog und seinem Ziel zu tun hat.

Letztendlich sind 18 Sprechakte vorhanden damit 90 % der Dialoge abgedeckt werden können [11].

---

[9] für Sprachpaare Deutsch-Englisch (10000 Paare) bzw. Deutsch-Japanisch (2500 Paare)
[10] Sprechakte nach Austin , Searle etc.
[11] auf Top-Level-Niveau

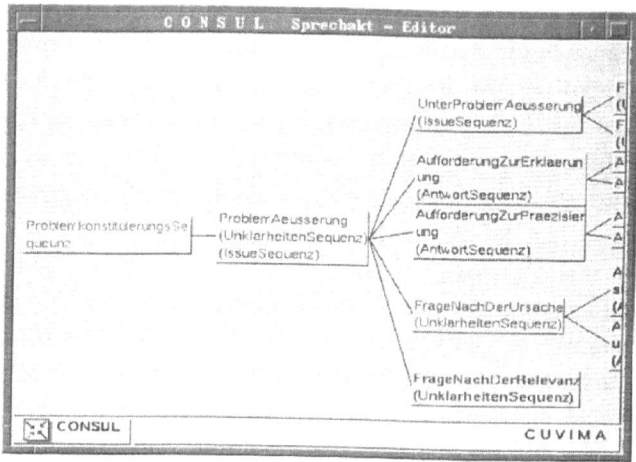

Abbildung 4: Sprechaktsequenz-Editor (System CONSUL)

Funktionen der Dialogkomponenten Die Dialogkomponente des Systems dient nicht der Ausführung sondern Überwachung des Dialogs. Außerdem wird der Dialogabschnitt nur bei Bedarf genauer betrachtet.
Es sind vier verschiedene grundlegende Aufgaben der Dialogkomponente definiert worden :

1. Treffen von Voraussagen über den weiteren Dialogverlauf → Vorraussage der nächsten Sprechakts bewirkt eine Einschränkung des Suchraums für andere Komponenten von Verbmobil.

2. Kontextermittlung von Sprechakteingaben

3. beim passiven *Tracen* des Dialogs verfolgt eine externe Komponente [12] von Verbmobil den Dialog um den nächsten Sprechakt vorrauszusagen.

4. Nachfragengenerierung für Benutzer im Falle des Orientierungsverlustes von Verbmobil.

Struktur der Dialogkomponenten **Das Statistikmodul** errechnet die Wahrscheinlichkeiten für zu erwartende Sprechakte. Es wird dabei das Wissen über die Häufigkeit und Reihenfolge von Sprechakten benutzt.
Das Ergebnis des Moduls : Liste mit ...

- Wahrscheinlichkeiten

- Arten

zu erwartender Sprechakte. Dieses Ergebnis wird z.b. vom Planer verwendet falls dieser die Eingabe nicht interpretieren kann.

---

[12] Keyword spotter

13

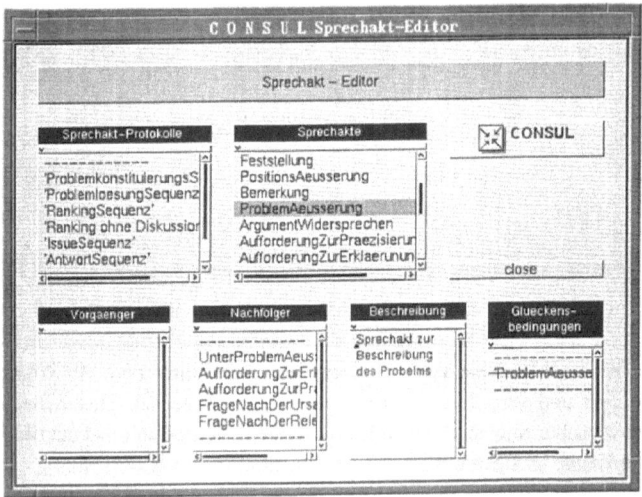

Abbildung 5: Sprechakt-Editor (System CONSUL)

Der endliche Automat [13] [14] dient der Beschreibung der Abfolge von Sprechakten in einem typischen Gespräch. Typische Verläufe von Gesprächen werden aus dem Trainingscorpus gewonnen.

Der Planer dient dem Aufbau eines Wissens über die Semantik des Dialoginhalts. Es erfolgt eine Zerlegung von übergeordneten Zielen in kleinere Ziele. Der Planer versucht schließlich die Ziele der Zerlegung in der vorgegebenen Reihenolge zu erfüllen.

Das Dialoggedächtnis Alle relevanten Informationen über den Dialog werden in Baumstrukturen gespeichert.

Evaluierung des Gesamtsystems Die Dialogkomponente ist bedingt durch die Gliederung in drei unabhängige zusammenarbeitende Komponenten sehr robust und flexibel. Verbmobil ist von vornherin als ein in Echtzeit arbeitendes kommerzielles Produkt festgelegt. Dieses Ziel ist jedoch noch nicht erreicht.

4 Contra-Statement gegen Sprechaktbasierende Systeme

Die nachfolgende Diskussion des Themas basiert auf meiner eigenen Meinung und ist nicht aus der Literatur genommen :

1. Der Austausch von Informationen im Zusammenhang mit menschlicher Sprache kann unter bestimmten Umständen undeutlich sein, wenn z.b. komplexe Sachverhalte bei

---

[13] finite state machine
[14] parser für einen korrekten Dialog einer Terminabsprache

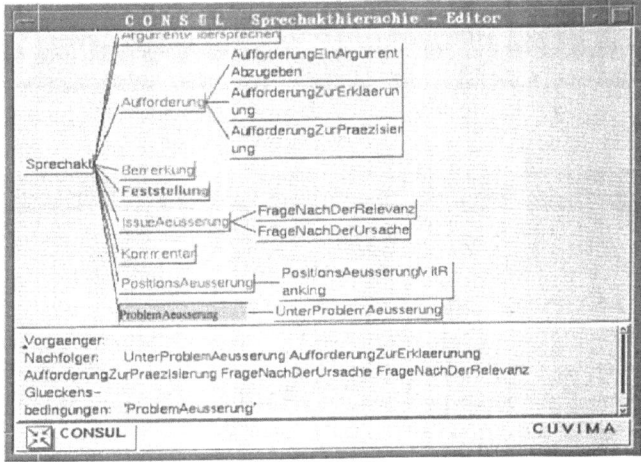

Abbildung 6: Sprechakthierarchie-Editor (System CONSUL)

einer Interaktion im Rahmen des Entwurfs eines Systems ausgetauscht werden sollen. In einem solchen Fall wäre es sinnvoll auch diverse andere mögliche multimediale Informationsobjekte zu verwenden (z.b. Videosequenzen , Skizzen , Zeichnungen etc.).

2. Eine Mehrdeutigkeit von Sprechakten könnte Mißverständnisse hervorrufen. D.h. das während eines Informationsautausches eine Fehlorientierung bezüglich zu erfüllenden Aufgaben entstehen könnte.

3. Zwecks Realisierung multilingualer Kommunikation in einem Konferenzsystem wäre es äußerst sinnvoll , daß der Informationsaustausch nicht mit der menschliche Sprache als Informationsträger durchgeführt wird , sondern daß adäquate Objekte wie CAD-Zeichnungen , Videos , Bilder etc. verwendet werden. Damit wäre man in der Lage ein sprachenunabhängiges und damit weltweites Kommunizieren im Rahmen von Konferenzen zu ermöglichen. Dies würde basierend auf einer zustandekommenden Globalisierung der Einbeziehung von interagierenden Personen zu einer verbesserten Performance bei der Leistungserstellung in einem Projekt führen.

4. Jeder Teilnehmer hat in der Regel einen eigenen Stil der Formulierung und somit eine individuelle und möglicherweise schädliche Einflussnahme (unterschiedliche Level des Steuerns der Gesamtkommunikation) auf die anderen Personen die z.b. an einem Entwicklungsprozess teilnehmen.

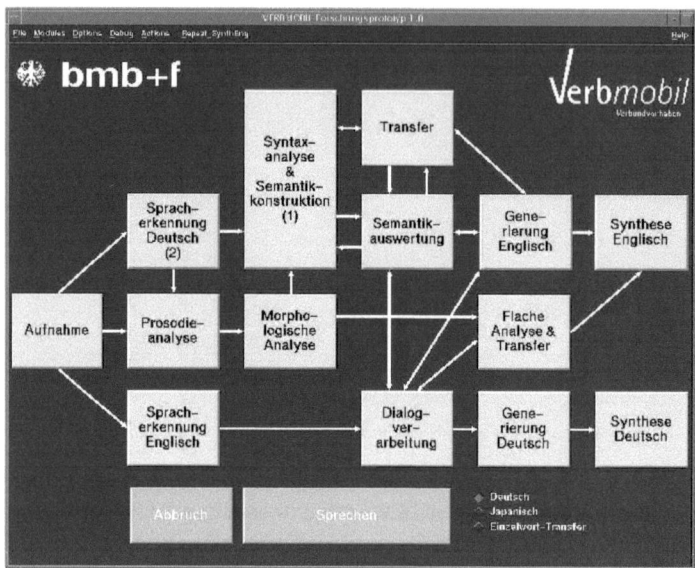

Abbildung 7: Die graphische Benutzeroberfläche von Verbmobil

Literatur

[1] Stephanie Teufel , Christian Sauter , Thomas Mühlherr , Kurt Bauknecht. **Computerunterstützung für die Gruppenarbeit**. Addison Wesley 1995.

[2] Ulrich Hasenkamp. **Einführung von CSCW-Systemen in Organisationen**, Tagungsband der D-CSCW 94. Vieweg 1994.

[3] Thomas Schäl. **Workflowmanagement-Systems for process organisations**. Springer Verlag Berlin , Heidelberg , Berlin 1996.

[4] D. Shapiro , M.J. Tauber , R. Traunmüller. **The Design of computer supported cooperative Work and groupware systems** , Human factors in information technologie. NH. 1996 Elsevier Amsterdam , Lausanne , New York , Oxford , Shannon , Tokyo.

[5] Boris Klug. **Die Dialogkomponente von Verbmobil** *Seminar Dialogmodellierung*. Universität Koblenz Landau.

[6] Wolfgang Wahlster. **VERBMOBIL , Erkennung , Analyse , Transfer , Generierung und Synthese von Spontansprache**. deutsches Forschungszentrum für künstliche Intelligenz (DFKI GmbH) , Saarbrücken.

[7] L. Bannon , M. Robinson , K. Schmidt. **Speech acts or communicative action ?**. 1991 , Dordrecht : Kluwer academic publications.

Abbildungsverzeichnis